晩ごはん食堂の

無限においしい

野菜レシピ

晩ごはん食堂

2

はじめに

私はYouTubeチャンネル「晩ごはん食堂」で日々の晩ごはんを投稿しています。
この度、新刊を出版させていただくことになりました。
これまでの本は平日5日間の晩ごはん献立をテーマにしていましたが
今回は初の野菜に特化したおかず本。

投稿を続けるなかで
「副菜がマンネリ化する」「野菜を余らせてしまう」
といったお悩みの声をいただくことがあり、
私自身も野菜をうまく使う方法をいつも考えています。

YouTubeチャンネルでは旬の野菜をたっぷり使い回しているのですが、
動画のレシピを作った方から
「野菜を摂る量が増えて体調が良くなった」というお声をいただいたことも！

また昨今の食材の高騰もあり、節約も意識したいところ。
買った野菜をしっかり無駄なく使い切ることは、大きな節約につながると思います。

そんな身体にも家計にも嬉しい、野菜の使い回し術を少しでも増やせたらという思い
から、この本が生まれました。

今回も難しいことは一切なしのラクに作れるレシピ。
副菜を多めに、おかずからスープまで様々なレシピをまとめました。

野菜がひとつ、ふたつあれば、副菜は簡単に作れること、
手間をかけなくてもバリエーション豊かにおかずを増やせること、
そんな風に気楽な気持ちになっていただけたらと思います。

あと１品もの足りないとき、彩りが欲しいとき、野菜不足だなと感じるとき、
だけど面倒なことはしたくない……！
そんな日々のお助け本として役立てていただけると嬉しいです。

晩ごはん食堂

もくじ

PART 1　ひとつの野菜で完成！ シンプルおかず

PART 2　切ってあえるだけ！ 即席サラダ＆マリネ

PART 3　電子レンジ・トースターで！ お手軽1品

本書のきまり

・小さじ1は5mℓ、大さじ1は15mℓです。ひとつまみは、親指、人さし指、中指の
　3本の指先でつまんだ量です。少々は、親指と人さし指でつまんだ量です。
・電子レンジは600Wを基準にしています。500Wの場合は、1.2倍を目安に様子
　を見ながら加熱時間を加減してください。
・野菜は特に記載のない場合は中サイズのものを使っています。
・野菜やきのこ類は特に記載がない限り、皮を剥き、種やワタを除いたり、石づ
　きを落としたりしています。
・油は特に記載のない場合は、お好みのものをご使用ください。
・レシピには目安となる分量を記載していますが、食材や調理器具によって差が
　ありますので、様子を見ながら加減してください。

新鮮でおいしい
野菜の見分け方

スーパーで野菜を選ぶとき、どれが正解か迷うことはありませんか?
野菜は鮮度が高いほど、栄養価も高いもの。
おいしい野菜をひと目で見極めるコツをお伝えします。

玉ねぎ
・表面の皮がよく乾いているもの
・重みがあり固くしまっているもの
・上部が小さく柔らかくないもの

じゃがいも
・表面がなめらかで形がふっくらと
　しているもの
・大きすぎず中サイズくらいのもの
・しっかりとした硬さがあり芽が出
　ていないもの

にんじん
・赤みが濃く、鮮やかで表皮がなめ
　らかなもの
・軸の部分が小さく、切り口が変色
　していないもの

キャベツ
・外葉が青々として、みずみずしい
　もの
・芯の部分が大きすぎないもの
・重みがあり、巻きのしっかりした
　もの
・春キャベツはふんわりと柔らかく
　軽いもの

小松菜
・葉の色が濃く肉厚で、葉先までピ
　ンとハリがあるもの
・茎と軸の部分が太く、しっかりし
　ているもの

ほうれん草

・葉の色ツヤがよく、ピンとして肉厚なもの
・茎や軸がある程度太く、しっかりしているもの

白菜

・ずっしりとした重みを感じるもの
・葉先がしっかり巻いているもの
・丸みがあり、ずんぐりとしたもの
・カットされたものは切り口が平らなもの

きゅうり

・色が濃く、太さが均一なもの
・トゲが立っているもの

トマト

・きれいな球形をしているもの
・ヘタが青く、色が濃いもの
・ヘタの方まで赤く、果肉に裂けのないもの
・お尻部分に放射状の筋が出ているものは特に味が濃い

なす

・色が濃く、表面にツヤがあるもの
・傷がないもの
・ヘタの切り口がみずみずしいもの
・ガクについているトゲが鋭く尖っているもの

大根

・ハリとツヤがあり、まっすぐ伸びて太いもの
・ずっしりと重いもの
・葉付きの場合は、葉先まで鮮やかな緑でハリがあるもの

ピーマン

・色が濃くて、表面にハリとツヤがあるもの
・ヘタがしなびたり、変色したりしていないもの

アスパラガス

・穂先が締まっていてまっすぐなもの
・緑色が濃く、太いもの
・根元の切り口がみずみずしいもの

長ねぎ

- 表面がピンと張っていてみずみず しいもの
- 白い部分が長く、締まっていて弾 力があるもの
- 葉先が枯れていないもの

ブロッコリー

- 濃い緑色で、こんもりとした形の もの
- 花蕾の部分が開いていないもの
- 茎が太いもの

かぼちゃ

- 皮にツヤがあり、ヘタが枯れて硬 いもの
- 種がしっかりと詰まっていて果肉 の色が鮮やかなもの

かぶ

- 表面にスレやキズがなく、白くて ハリがあるもの
- 丸みがあるもの
- 葉付きのものは葉先まで青くピン としているもの

オクラ

- さやがみずみずしく、濃い緑色の もの
- 表面の産毛がしっかり生えている もの
- 変色して黒ずんでいないもの

レタス

- ふんわりとしていて弾力のある もの
- 見た目以上に重くないもの
- 芯がみずみずしく大きすぎない もの
- 外葉が淡い緑色のものは柔らかい

アボカド

- 表面が黒くツヤがあるもの
- 皮が浮いておらず、ヘタのついて いるもの
- ヘタが沈みすぎていないもの

水菜

- 葉先がピンとしてみずみずしい もの
- 葉が鮮やかな緑で、茎が白いもの
- 茎にツヤがありまっすぐ伸びてい るもの

れんこん

- ずっしりと重みがあり、硬さのあ るもの
- 丸く寸胴型で、表面にツヤのある もの
- 切り口が変色しておらず、白くみ ずみずしいもの

ごぼう

・太さが均一でまっすぐなもの
・太すぎず、10円玉くらいの直径の
　もの
・表面にひび割れや裂けめがない
　もの

とうもろこし

・実がぎっしり詰まっていてすき間
　のないもの
・粒がふっくらと大きくそろってい
　るもの
・葉は緑色が濃く、ひげは褐色で量
　が多いもの

春菊

・葉の色が濃く葉先までみずみずし
　いもの
・全体がふんわりとボリュームのあ
　るもの
・茎は太すぎず、やや細めのもの
・茎の下の方まで葉がついている
　もの

さつまいも

・皮の色が均一で鮮やかでツヤがあ
　るもの
・表皮に凸凹や傷、斑点がないもの
・形状はふっくらとしたもの

里いも

・全体的にふっくらと丸みがあり、
　重みがあるもの
・皮の縞模様がはっきり見えるもの
・皮が乾燥しすぎず、しっとりし
　ているもの

大葉

・全体が鮮やかな緑色のもの
・適度な大きさでふんわりとしてい
　るもの
・葉先が丸まらずピンと張っている
　もの

にんにく

・全体的にふっくらと丸みがある
　もの
・実の部分に固さがあるもの
・見た目以上に重く感じるもの

しょうが

・ふっくらと大ぶりのもの
・皮にツヤとハリがあるもの
・切り口が白色またはクリーム色
　で、みずみずしいもの

みょうが

・表面に光沢があり、きれいなピン
　ク色のもの
・丸みがあり、つぼみの先端が閉じ
　ているもの

おいしさと栄養をキープ！
野菜の保存方法

買ってきたらまずはこれ。新鮮な状態を長くキープする保存方法。

きゅうり、ピーマン、玉ねぎ、葉物野菜など

1つずつペーパータオルで包んでポリ袋に入れ、野菜室で保存。ほうれん草や小松菜、白菜などの葉物野菜は湿らせたペーパータオルで包んでポリ袋に入れ、葉を上にした状態で立てて保存。

キャベツ

まるごとの場合、芯をくり抜き、湿らせたペーパータオルを詰めてポリ袋に入れ、野菜室で保存。カットしたものは、切り口をペーパータオルで覆い、ポリ袋に入れ保存。

レタス

ポリ袋に入れ、芯を下にして野菜室で10日ほど保存可能。芯に2～3か所爪楊枝を刺しておくと、成長点が壊れて長持ちします。カットしたものは断面をラップでしっかり覆ってポリ袋へ。

もやし

保存容器に入れて全体が浸る程度の水を注ぎ、ふたをして冷蔵庫へ。1日1回程度水を換えると、さらに長持ちします。

PART

1

ひとつの野菜で完成!
シンプルおかず

冷蔵庫に野菜が少ないとき、中途半端に野菜が余ってしまったとき、
材料ひとつでラクに作れる副菜レシピ。

キャベツのコールスロー

どんな料理にも合う、困ったときの定番サラダ

材料（2人分）

キャベツ … 4枚程度（200g）
塩 … ふたつまみ
A│マヨネーズ … 大さじ2
 │酢 … 小さじ1
 │砂糖 … 小さじ1
 │ごま油 … 小さじ1/2
 │塩 … 少々

作り方

1 キャベツは千切りにしてボウルに入れ、塩をもみ込む。10分程度おき、水気をしっかり絞る。

2 Aを加えて混ぜ合わせる。

memo

多めに作って作り置きも可（保存容器に入れて3日が目安）。コーンやハム、にんじんなどを加えてアレンジしても◎。

アボカドのりナムル

のりとごま油の風味でアボカドがより濃厚に

材料（2人分）

アボカド … 1個
のり（8切り）… 5枚
A | 白すりごま … 小さじ1
　 | ごま油 … 小さじ1
　 | 醬油 … 小さじ1/2
　 | にんにく（チューブまたは
　 | 　すりおろし）… 小さじ1/2
　 | 塩 … ひとつまみ

memo

カレ　粉を小さじ1/2加えて、スパイシー
にするのもおすすめ。

作り方

1　アボカドは1.5cm角に切る。

2　ボウルにAを混ぜ合わせ、1を入れてさっくりと混ぜ合わせる。のりをちぎりながら加えてあえる。

15

トマトの韓国風ごまあえ

韓国だしでトマトのうま味が引き立つ1品

材料（2人分）

トマト … 2個（300g）

A | 醤油 … 小さじ1
砂糖 … 小さじ1
にんにく（チューブまたは
　すりおろし）… 小さじ1
ダシダ… 小さじ2/3
塩 … ひとつまみ
白すりごま … 小さじ2
ごま油 … 小さじ2

作り方

1　トマトは一口大に切る。

2　ボウルにAを上から順に混ぜ合わせ、1
　を加えてさっくり混ぜ合わせる。

memo

ダシダは韓国料理で使われる牛肉だしの調味料。簡単
に韓国風の味が楽しめます。ない場合は鶏ガラスープ
の素で代用可。

きゅうりの塩昆布あえ

和食にも中華にも合うきゅうりの簡単レシピ

材料（2人分）

きゅうり … 1本
塩 … 少々
A ｜ 塩昆布 … 小さじ2
｜ 鶏ガラスープの素 … 小さじ1
｜ 白いりごま … 小さじ1

memo

2では、最初に鶏ガラスープの素を入れて混ぜ、その後に塩昆布とごまを加えると味が馴染みやすくなります。

作り方

1 きゅうりは乱切りにしてボウルに入れ、塩を振って全体に馴染ませる。5分程度おき、水気を切る。

2 **A**を加えて混ぜ合わせる。

あえるだけ

ほうれん草の味噌あえ

まろやかな味噌の風味でほっとする味わい

材料（2人分）

ほうれん草 … 1袋（200g）
A | 味噌 … 小さじ2
  | 砂糖 … 小さじ2
  | 醤油 … 小さじ1と1/2

作り方

1 ほうれん草は塩ゆでして水に取り、しっかり水を絞って3cm幅に切る。

2 ボウルにAを混ぜ合わせ、*1*を加えてあえる。

PART
1
ひとつの野菜で完成！シンプルおかず

まいたけの竜田焼き

にんにく醤油が唐揚げを食べているような満足感

材料（2人分）

まいたけ … 1パック（100g）
A 醤油 … 小さじ2
  にんにく（チューブまたは
    すりおろし）… 小さじ1/2
  しょうが（チューブまたは
    すりおろし）… 小さじ1/2
片栗粉 … 適量
油 … 適量
塩 … 適宜

作り方

1 まいたけは食べやすい大きさに手で分ける。ボウルにAを混ぜ合わせ、まいたけを入れて全体に馴染ませる。片栗粉を表面にまぶす。

2 フライパンまたは鍋に底1cm程度の油を中火で熱し、1を入れて揚げ焼きにする。焼き色がついたら返す。全体がきつね色になったら取り出して油を切る。

3 器に盛り、お好みで塩を添える。

小松菜のオイスター炒め

サッと炒めるだけ！食欲そそる中華風おかず

材料（2人分）

小松菜 … 1袋（200g）
ごま油 … 小さじ1
A｜オイスターソース … 大さじ1
　｜にんにく（チューブまたは
　｜　すりおろし）… 小さじ1/2
白いりごま … 少々

作り方

1 小松菜は3cm幅に切る。

2 フライパンにごま油を中火で熱し、小松菜を入れて炒める。小松菜がしんなりしてきたら、Aを加えて混ぜ合わせ、全体に馴染んだら火を止める。

3 器に盛り、いりごまを振る。

焼きれんこんの和風マヨあえ

ごまマヨの酸味がれんこんの甘みを引き立てる

材料（2人分）

れんこん … 7〜8cm（150g）

A | マヨネーズ … 大さじ1と1/2
　 | 白すりごま … 大さじ1
　 | 醬油 … 小さじ1
　 | 砂糖 … 小さじ1

油 … 少々

作り方

1　れんこんは5mm幅のいちょう切りにする。

2　フライパンに油を中火で熱し、れんこんを入れて炒める。表面に焼き色がついてきたら火を止める。

3　ボウルにAを混ぜ合わせ、2のれんこんを加えてあえる。

PART
1
ひとつの野菜で完成！ シンプルおかず

21

ピーマンのきんぴら

甘じょっぱい味でピーマンがあっさり食べられる

材料（2人分）

ピーマン … 3個（100g）
A 醬油 … 小さじ2
　 みりん … 小さじ2
　 酒 … 小さじ2
　 砂糖 … 小さじ1/2
ごま油 … 少々
かつお節 … 適量

作り方

1 ピーマンは縦に細切りにする。Aを混ぜ
　合わせておく。

2 フライパンにごま油を中火で熱し、ピー
　マンを1～2分炒める。弱火にしてAを
　加え、混ぜながら炒めて水分が少なくな
　ってきたら火を止める。

3 器に盛り、かつお節をのせる。

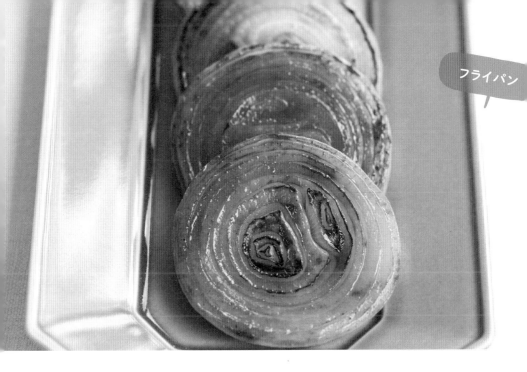

玉ねぎのバター醤油ステーキ

焼くと甘くなる玉ねぎにこってりバター醤油

材料（2人分）

玉ねぎ … 1個(200g)
オリーブオイル … 小さじ1
A 酒 … 小さじ1
醤油 … 小さじ1と1/2
バター … 10g

memo

お好みでスライスしたにんにくを最初に熱して、香りを移したオリーブオイルで焼くのもおすすめ。にんにくチップは最後にトッピングすると◎。

作り方

1　玉ねぎは繊維を断つように1cm厚さの輪切りにする。

2　フライパンにオリーブオイルを中火で熱し、玉ねぎを焼く。焼き色がついたら返して裏面も同様に焼き色をつける。

3　火を止め、Aを上から順に全体に広げながら加え、弱火にかけて両面に馴染んだら火を止める。

PART
1

ひとつの野菜で完成！ シンプルおかず

ガーリックポテト

ガーリックパウダーでお手軽やみつき味

材料（2人分）

じゃがいも … 2個（300g）
オリーブオイル … 小さじ2
A ┃ ガーリックパウダー
　　┃ 　… 小さじ1/2
　　┃ 塩 … 小さじ1/3
　　┃ 粗びき黒こしょう … 少々
　　┃ バター … 10g
乾燥パセリ … 適宜

memo

じゃがいもはレンジ加熱後、水気が出ていたら切ってください。水分が残っていると油がはねやすいので注意。

作り方

1　じゃがいもはよく洗って皮付きのまま小さめの一口大に切る。耐熱容器に入れてふんわりとラップをし、電子レンジで5分加熱する。

2　フライパンにオリーブオイルを中火で熱し、じゃがいもを入れて表面に焼き色をつける。全体に焼き色がついたら弱火にして**A**を加えて混ぜ合わせ、バターが溶けて馴染んだら火を止める。

3　器に盛り、お好みで乾燥パセリを振る。

白菜の中華うま煮

白菜たっぷり消費！ ご飯が進むうま煮

材料（2人分）

白菜 … 2〜3枚（250g）
A｜水 … 50㎖
　｜醤油 … 小さじ1と1/2
　｜オイスターソース … 小さじ1
　｜砂糖 … 小さじ1
　｜鶏ガラスープの素 … 小さじ1/2
油 … 少々
片栗粉 … 小さじ1と1/2

作り方

1 白菜はざく切りにする。Aを混ぜ合わせておく。

2 フライパンに油を中火で熱し、白菜を炒める。白菜に油が回ったらAを加えて混ぜ合わせ、ふたをして弱火で4〜5分煮る。

3 同量の水（分量外）で溶いた片栗粉を加えて混ぜ、とろみがついたら火を止める。

大根の照り焼き

レンジで時短！手間なく作れる大根のおかず

材料（2人分）

大根 … 1/4本（250g）
A │ 醤油 … 小さじ2
　│ みりん … 小さじ2
　│ 酒 … 小さじ1
　│ 砂糖 … 小さじ1/2
油 … 少々

作り方

1 大根は1cmの輪切りにし、耐熱容器に入れてふんわりとラップをし、電子レンジで5分加熱する。Aは混ぜ合わせておく。

2 フライパンに油を中火で熱し、大根を入れて焼く。焼き色がついたら返し、裏面も同様に焼き色をつける。弱火にしてAを加えて返しながら両面に絡める。全体に馴染んだら火を止める。

にんじんのだしごまあえ

だしの風味でにんじんが苦手な方にも食べやすく

材料（2人分）

にんじん … 1本（200g）
A 和風だし … 小さじ1と1/2
　 塩 … 少々
　 ごま油 … 小さじ2
　 白いりごま … 小さじ2

作り方

1 にんじんは細切りにして耐熱容器に入れる。ふんわりとラップをし、電子レンジで2分30秒加熱する。

2 Aを上から順に加えて混ぜ合わせる。

memo

にんじんは加熱後、水気が出たら切っておく。

なすの田楽

焼いてトロッとしたなすに甘味噌だれが合う

材料（2人分）

なす … 小2本
A｜ 味噌 … 大さじ1と1/2
　 みりん … 小さじ2
　 砂糖 … 小さじ1
　 ごま油 … 小さじ1/2

作り方

1　なすは1.5cm幅の輪切りにする。Aは混ぜ合わせておく。

2　クッキングシート（またはアルミホイル）の上になすを並べて、Aを塗る。

3　オーブントースターで4〜5分、表面に軽く焼き色がつくまで焼く。

PART
1
ひとつの野菜で完成！ シンプルおかず

28

切ってあえるだけ！
即席サラダ&マリネ

あと1品欲しい！　そんなとき火を使わずに作れるスピード副菜。
彩りが欲しいときや、フレッシュな味を楽しみたいときに役立つ時短レシピ。

キャベツとにんじんのおかかマヨサラダ

かつお節とマヨネーズで食べ飽きない味

材料（2人分）

キャベツ … 3枚程度（150g）
にんじん … 1/3本（60g）
塩 … ひとつまみ
A｜マヨネーズ … 大さじ1と1/2
｜醤油 … 小さじ1
｜砂糖 … 小さじ2/3
｜かつお節 … 1パック（2g）

作り方

1 キャベツは千切りにして塩をもみ込み、10分おいて水気を絞る。にんじんは千切りにする。

2 ボウルにAを混ぜ合わせ、1を入れて混ぜ合わせる。

memo

キャベツは最初にしっかり水気を絞っておくのがポイント。
時間が経ってもおいしく食べられます。

きゅうりとちくわのごまマヨサラダ

細く切ったちくわときゅうりの食感が楽しい

材料（2人分）

きゅうり … 1本
ちくわ … 小2本
塩 … 少々
A｜マヨネーズ … 大さじ1
　｜白すりごま … 大さじ1
　｜醤油 … 小さじ1

作り方

1 きゅうりは細切りにして塩をもみ込み、5分
　おいて水気を絞る。ちくわは縦半分に切
　って斜め切りにする。

2 ボウルにAを混ぜ合わせ、1を加えてあ
　える。

レタスとしらすのうま塩サラダ

うま味たっぷりのしらすでレタスがもりもり進む

材料（2人分）

レタス … 1/2個（150g）
しらす（釜揚げ）… 30g
A│ポン酢 … 小さじ1
　│白いりごま … 小さじ1
　│鶏ガラスープの素 … 小さじ1/2
　│塩 … ひとつまみ
　│ごま油 … 大さじ1

作り方

1　レタスは食べやすい大きさにちぎる。Aは
　　混ぜ合わせておく。

2　器にレタスを盛り、しらすを散らす。Aを
　　全体に回しかける。

トマトときゅうりのもずくサラダ

さっぱりとした酸味が欲しいときのスピードメニュー

材料（2人分）

トマト … 1個
きゅうり … 1本
もずく酢 … 1パック（70g）
A 醤油 … 小さじ1
　 砂糖 … 小さじ1
　 和風だし … 小さじ1/2

作り方

1 トマトは一口大に切る。きゅうりは乱切りにする。もずく酢はザルにあけて汁を切る。

2 ボウルにもずく酢とAを混ぜ合わせる。トマトときゅうりを加えてあえる。

水菜ののりポンサラダ

シャキシャキ水菜に、のりの風味がマッチ

材料（2人分）

水菜 … 2株（80g）
のり（8切り）… 10枚
A｜ポン酢 … 大さじ1
　｜ごま油 … 小さじ1

memo

水分が出てしんなりしやすいので、調味料は食べる直前にあ
えるのがおすすめ。

作り方

1 水菜は3cm幅に切る。Aは混ぜ合わせて
おく。

2 ボウルに水菜を入れ、のりをちぎって加え、
軽く混ぜ合わせる。Aを加えてあえる。

豆苗の明太白雪サラダ

明太子と豆腐でおいしさと食べごたえをプラス

材料（2人分）

豆苗 … 1袋
絹ごし豆腐 … 1/2丁（150g）
明太子 … 1/2腹
A｜ 白すりごま … 大さじ1
　　 醤油 … 小さじ1と1/2

作り方

1　豆苗は3cm幅に切る。豆腐は水切りする。
　　明太子は薄皮を取る。

2　ボウルに豆腐、明太子、Aを入れて混ぜ
　　合わせ、豆苗を加えてあえる。

切ってあえるだけ！ 即席サラダ＆マリネ

大根とかいわれのかつお醤油サラダ

細切り大根を和風ドレッシングでさっぱりいただく

材料（2人分）

大根 … 150g
かいわれ大根 … 1パック
A｜醤油 … 大さじ1
　｜砂糖 … 小さじ2
　｜酢 … 小さじ2
　｜ごま油 … 小さじ2
　｜かつお節 … 1パック（2g）

作り方

1　大根は繊維に沿って千切りにする。かいわれ大根は3cm幅に切る。

2　ボウルにAを混ぜ合わせ、1を加えてあえる。

memo

水気が出やすいので、調味料は食べる直前にあえるのがおすすめ。かつお節は一部を取り置いて最後にトッピングしても◎。

ミニトマトとみょうがのマリネ

爽やかな風味のマリネ。少し漬けてもおいしい

材料（2人分）

ミニトマト … 8個
みょうが … 1本
A | 醤油 … 小さじ1
　 | 酢 … 小さじ1/2
　 | 砂糖 … 小さじ1/2
　 | 塩 … ふたつまみ
　 | オリーブオイル … 小さじ2

作り方

1　トマトは横半分に切る。みょうがは縦半分に切り、薄切にする。

2　ボウルにAを上から順に混ぜ合わせ、1を加えてさっくりあえる。

PART
2
切ってあえるだけ！ 即席サラダ&マリネ

玉ねぎとサバ缶の味噌ドレッシングサラダ

味噌煮缶でうま味たっぷりドレッシング

材料（2人分）

玉ねぎ … 1個（200g）
サバ缶（味噌煮）… 1/2缶（約100g）
A サバ缶汁 … 大さじ2
  醤油 … 大さじ1
  砂糖 … 小さじ1
  酢 … 小さじ1
白いりごま … 少々

作り方

1 玉ねぎは薄切りにし、冷水にさらして水を切る。サバ缶は身をほぐしておく。Aは混ぜ合わせておく。

2 器に玉ねぎを盛り、サバの身をのせる。Aを回しかけ、いりごまを振る。

memo

玉ねぎの辛味が気になる場合は、酢を少し加えた水（水500mlに酢小さじ2程度が目安）に15〜20分さらすと辛味が取れやすくなります。

レタスとツナのナムルサラダ

レタスとツナの無限コンビ。韓国のりがアクセント

材料（2人分）

レタス … 1/2個（150g）
ツナ缶（油漬け）… 1缶（70g）
鶏ガラスープの素 … 小さじ1
ごま油 … 小さじ2
韓国のり … 5枚

作り方

1　レタスは細切りにする。ツナ缶は油を切る。

2　ボウルにツナ、鶏ガラスープの素を入れて混ぜ合わせる。1のレタス、ごま油を加えてあえる。

3　器に盛り、韓国のりをちぎってのせる。

キャベツとコーンのレモンドレッシングサラダ

レモンの風味でキャベツがさっぱり食べられる

材料（2人分）

キャベツ … 3枚（150g）
コーン缶 … 大さじ3
A │ レモン果汁 … 大さじ1
　│ 砂糖 … 小さじ1と1/2
　│ 塩 … 小さじ1/4
　│ 黒こしょう … 適量
　│ オリーブオイル … 小さじ2

memo

キャベツから水気が出やすいので、調味料は
食べる直前にあえるのがおすすめ。あらかじ
め準備する場合は最初に塩もみしても OK。
その分、A の塩は減らしてください。

作り方

1　キャベツは千切りにする。コーン缶は汁を
切る。

2　A をボウルに上から順に混ぜ合わせ、キ
ャベツとコーンを入れてあえる。

豆腐のチョレギサラダ

焼肉屋さん気分を味わえるボリューム満点のサラダ

材料（2人分）

絹ごし豆腐 … 1/2丁（150g）
レタス … 2〜3枚程度
トマト … 小1個
A 醤油 … 小さじ1
　 鶏ガラスープの素 … 小さじ1/2
　 塩 … 小さじ1/4
　 白いりごま … 小さじ2
　 ごま油 … 小さじ2

作り方

1 豆腐は水切りをする。トマトは1.5cm角に切る。Aは混ぜ合わせておく。

2 器にレタスを食べやすい大きさにちぎって盛り、豆腐をスプーンですくってのせる。トマトを散らし、Aを回しかける。

玉ねぎとハムのマリネ

ハムがアクセント！ 玉ねぎたっぷり消費の簡単1品

材料（2人分）

玉ねぎ … 1個（200g）

ハム … 4枚

乾燥パセリ … 適宜

A｜酢 … 大さじ1
　｜砂糖 … 小さじ2
　｜塩 … 小さじ1/3
　｜粗びき黒こしょう … 少々
　｜オリーブオイル … 小さじ4

作り方

1　玉ねぎは薄切りにし、水にさらして水気を
　しっかり切る。ハムは細切りにする。

2　ボウルにAを上から順に混ぜ合わせ、玉
　ねぎを加えて馴染ませ、10分程度おく。
　ハムを加えてあえる。

3　器に盛り、お好みで乾燥パセリを振る。

memo

玉ねぎの辛味が強い場合はP38の方法で辛味抜きを。
春先は辛味の少ない新玉ねぎを使うのもおすすめ。

PART
2
切ってあえるだけ！ 即席サラダ＆マリネ

きゅうりのキムチサラダ

キムチのうま味できゅうりが進む、お手軽サラダ

材料（2人分）

きゅうり … 1本
キムチ … 80g
白すりごま … 大さじ1
ごま油 … 小さじ1

作り方

1 きゅうりは1cm幅の半月切りにする。

2 ボウルに材料を全て入れ混ぜ合わせる。

豆腐のねぎだれマリネ

たっぷりのねぎとにんにくを効かせた豆腐の簡単あえ

材料（2人分）

木綿豆腐 … 1丁（300g）
A　小ねぎ … 2本
　　醤油 … 小さじ2
　　砂糖 … 小さじ1
　　酢 … 小さじ1/2
　　塩 … 小さじ1/4
　　にんにく（チューブまたは
　　　すりおろし）… 小さじ1/2
　　ごま油 … 大さじ1

作り方

1 豆腐は水切りをし、2cm角に切る。小ねぎは小口切りにする。

2 ボウルにAを混ぜ合わせ、豆腐を漬けて20分程度おく。

memo

豆腐はしっかり水切りするのがポイント。完成後は冷蔵庫で2時間ほど漬けるとより味が染みます。

電子レンジ・トースターで!
お手軽1品

ちょっとした副菜から満足感のあるおかずまでレンジ・トースターにおまかせ!
コンロが埋まっているときにも同時に作れるお手軽メニュー」

ほうれん草のねぎだれあえ

レンジ調理で時短！ ねぎの風味が食欲をそそる

材料（2人分）

ほうれん草 … 1袋（200g）
A 長ねぎ … 5cm程度
醤油 … 小さじ2
酢 … 小さじ1
砂糖 … 小さじ1
ごま油 … 小さじ1
にんにく（チューブまたは
すりおろし）… 小さじ1/2

memo

ほうれん草はレンジで加熱後に水で洗うことで、時短アク抜きに。電子レンジの代わりに、熱湯でゆでてもOK。

作り方

1 ほうれん草は茎と葉に切り分ける。耐熱容器に茎を入れ、ふんわりとラップをして電子レンジで1分加熱する。葉も加えてラップをし、さらに1分半加熱する。流水で2〜3回水を換えて洗い、水気をしっかり絞って3cm幅に切る。

2 長ねぎはみじん切りにし、ボウルに**A**を混ぜ合わせ、ほうれん草を加えてさっくりあえる。

ラタトゥイユ風ホイル焼き

煮込まず作れる野菜たっぷりトマト煮風

材料（2人分）

なす … 小1本
黄パプリカ … 1/2個
玉ねぎ … 1/2個（100g）
トマト … 小1個
A｜ケチャップ … 大さじ2
　｜オリーブオイル … 小さじ1
　｜砂糖 … 小さじ1
　｜顆粒コンソメ … 小さじ1/2
　｜にんにく（チューブまたは
　｜　すりおろし）… 小さじ1/2
　｜塩 … ひとつまみ

作り方

1 なす、パプリカ、玉ねぎ、トマトは、
1.5cm角に切る。Aは混ぜ合わせておく。

2 アルミホイルに*1*の野菜を均等にのせ、
Aを全体にかける。アルミホイルの四辺を
立ち上げて軽く閉じ、オーブントースター
でしんなりするまで15分程度焼く。

厚揚げのレンジ味噌煮

しょうがが香る厚揚げの簡単アレンジ

材料（2人分）

厚揚げ … 1枚(200g)
A 水 … 大さじ2
　 味噌 … 大さじ1
　 みりん … 小さじ2
　 醤油 … 小さじ1
　 砂糖 … 小さじ1/2
　 しょうが（すりおろし）
　　 … 小さじ1/2
しょうが（千切り）… 適量
長ねぎ（青い部分を小口切り）… 適量

作り方

1 厚揚げは一口大に切る。

2 耐熱容器にAを混ぜ合わせ、厚揚げを入れて軽く混ぜて全体に馴染ませる。ふんわりとラップをして電子レンジで3分加熱する。

3 器に盛り、しょうが、長ねぎをのせる。

memo

できあがってから少しおくと、より味が染みておいしくなります。

白菜と豚肉のレンジ蒸し

白菜の水分でレンジ調理でもジューシーに

材料（2人分）

白菜 … 250g
豚バラ薄切り肉 … 150g
塩 … ふたつまみ
和風だし … 小さじ1/2

A| ポン酢 … 大さじ2
  | 醬油 … 小さじ2
  | 砂糖 … 小さじ1
  | 白いりごま … 小さじ1
  | ごま油 … 小さじ2

memo

豚肉はお好みでロースなどを使ってもOK。
豚肉に生っぽいところがあれば、30秒ずつ
追加で加熱してください。

作り方

1　白菜はざく切りにする。豚肉は一口大に切る。Aは混ぜ合わせておく。

2　耐熱皿に白菜の1/3量を並べ、その上に豚肉の1/2量を広げてのせ、塩と和風だしの半量を全体に振る。さらに白菜1/3量、豚肉1/2量をのせて、塩、和風だしの残り半量を全体に振り、白菜1/3量を重ねる。ふんわりとラップをして電子レンジで6分加熱する。

3　2を皿に盛り、Aを回しかける。

彩り野菜のチーズパン粉焼き

野菜たっぷり&チーズが香る洋食のサブおかず

材料（2人分）

赤パプリカ … 1/2個
黄パプリカ … 1/2個
ブロッコリー … 1/3個
ソーセージ … 2本
塩 … ふたつまみ
こしょう … 少々
オリーブオイル … 大さじ1
A｜ パン粉 … 大さじ3
　　粉チーズ … 大さじ2
　　乾燥パセリ … 少々

作り方

1　パプリカは乱切りに、ブロッコリーは小房に分け（大きいものは半分に切る）、耐熱容器に入れてラップをし、電子レンジで2分加熱する。ソーセージは斜め切りにする。Aは混ぜ合わせておく。

2　耐熱皿に1の野菜とソーセージを広げ、塩、こしょうを振る。Aを全体に広げてのせ、オリーブオイルを回しかける。

3　アルミホイルを被せてオーブントースターで6〜7分焼き、アルミホイルを外して表面に焼き色がつくまで2〜3分焼く。

レンジでキーマカレー

時短なのに野菜のうま味が詰まった本格的な味

材料（2人分）

玉ねぎ … 1/2個（100g）

にんじん … 1/3本（60g）

しいたけ … 2個

A | 豚ひき肉 … 150g
水 … 80㎖
ケチャップ … 大さじ1
カレー粉 … 小さじ2
ウスターソース … 小さじ2
顆粒コンソメ … 小さじ1と1/2
醬油 … 小さじ1
しょうが（チューブまたはすりおろし）
　… 小さじ1
にんにく（チューブまたはすりおろし）
　… 小さじ1/2
塩・こしょう … 各少々

温かいご飯 … 2膳分

乾燥パセリ・フライドオニオン … 各適宜

作り方

1 玉ねぎ、にんじん、しいたけは
みじん切りにする。耐熱容器に
玉ねぎ、にんじんを入れてラップ
をし、電子レンジで2分加熱する。
しいたけも加えてさらに1分30秒
加熱する。

2 別の耐熱容器にAを混ぜ合わ
せ、ふんわりとラップをして電子
レンジで6分加熱する。*1*を加え
て混ぜ合わせる。

3 器にご飯を盛り、*2*をのせる。
お好みで乾燥パセリやフライド
オニオンを振る。

明太ポテトサラダ

明太子の塩気が効いた食べ飽きないポテサラ

材料（2人分）

じゃがいも … 2個（300g）
玉ねぎ … 1/4個（50g）
明太子 … 1/2腹
A | マヨネーズ … 大さじ5
　　| 砂糖 … 小さじ1/2
　　| 塩・こしょう … 各少々

memo

じゃがいもは小さめのサイズに揃えて切ることで、素早く均一に熱が入ります。

作り方

1 じゃがいもは皮を剥いて小さめの一口大に切る。耐熱容器に入れてふんわりとラップをし、電子レンジで5分30秒加熱する。玉ねぎは薄切りにし、水にさらす。明太子は薄皮を取る。

2 じゃがいもはマッシャーなどで潰し、**A**を入れて混ぜ合わせる。粗熱が取れたら、明太子と水気を切った玉ねぎを加え、混ぜ合わせる。

なすとピーマンのレンジ煮浸し

定番の煮浸しも、レンジでしっかり味が染みる

材料（2人分）

なす … 小1本
ピーマン … 2個
A | 水 … 大さじ2
　 | 醤油 … 小さじ2
　 | みりん … 小さじ2
　 | 和風だし … 小さじ2/3
かつお節 … 1パック(2g)

作り方

1 なす、ピーマンは乱切りにする。

2 耐熱容器にAを混ぜ合わせ、*1*を入れて全体に馴染ませる。ふんわりとラップをして電子レンジで2分30秒加熱する。上下を返して混ぜ、再度ラップをして電子レンジで2分加熱する。ラップをしたまま粗熱を取る。

3 器に盛り、かつお節をのせる。

かぼちゃのチーズ焼き

とろーりチーズでかぼちゃの甘みが引き立つ

材料（2人分）

かぼちゃ … 250g
塩 … ふたつまみ
こしょう … 少々
オリーブオイル … 小さじ2
ピザ用チーズ … 30g

memo

焦げそうな場合は、
アルミホイルを被せて
焼いてください。

作り方

1 かぼちゃは7mm厚さに切り、食べやすい長さに切る。

2 アルミホイルにかぼちゃを並べ、塩とこしょうを振り、オリーブオイルをかける。チーズをのせてオーブントースターで3～4分程度焼き色がつくまで焼く。

小松菜とささみのごまあえ

ささみ入りでボリュームが欲しいときにもぴったり

材料（2人分）

小松菜 … 1袋（200g）
鶏ささみ … 2本（100g）
酒 … 小さじ2

A | 白すりごま … 大さじ3
　 | 醤油 … 大さじ1
　 | 砂糖 … 小さじ2
　 | しょうが（チューブまたは
　 | 　すりおろし）… 小さじ1

作り方

1 小松菜は3cm幅に切り、耐熱容器に茎→葉の順で重ねて入れる。ふんわりとラップをして電子レンジで3分加熱し、水気を絞る。

2 ささみはフォークで数箇所表面に穴をあけ、耐熱容器に入れて酒を全体に振る。ふんわりとラップをして電子レンジで3分30秒加熱する。粗熱が取れたら食べやすい大きさにさく。

3 ボウルにAを混ぜ合わせ、*1*と*2*を入れてあえる。

もやしと鶏肉のレンジ蒸し

ピリ辛中華風のたれでいただくレンジ蒸し鶏

材料（2人分）

もやし … 1袋（200g）
鶏むね肉 … 200g
塩 … ひとつまみ
A 醬油 … 大さじ1
　 砂糖 … 小さじ2
　 白すりごま … 小さじ2
　 酢 … 小さじ2
　 ごま油 … 小さじ1
　 ラー油 … 適量
　 しょうが（チューブまたは
　 　すりおろし）… 小さじ1/2
　 にんにく（チューブまたは
　 　すりおろし）… 小さじ1/2
小ねぎ（小口切り）… 適量

作り方

1 鶏むね肉は厚い部分を開き、そぎ切りにする。Aは混ぜ合わせておく。

2 耐熱容器にもやしの半量を入れ、その上に1を広げてのせ、塩を振る。さらにもやしの半量を重ねる。ふんわりとラップをして電子レンジで5分加熱し、ラップをしたまま3分おく。

3 もやしは水気を切って器に盛り、鶏肉をのせる。Aをかけ、小ねぎをのせる。

トマトの即席ピザ風

野菜だけで作れるヘルシー＆ジューシーなピザ

材料（2人分）

トマト … 大1個
玉ねぎ … 1/4個（50g）
ピーマン … 小1個
A | ケチャップ … 小さじ2
　 | ウスターソース … 小さじ1
　 | オリーブオイル … 小さじ1
　 | にんにく（チューブまたは
　 | 　すりおろし）… 小さじ1/3
ピザ用チーズ … 適量

作り方

1 トマトは横に1cm幅の輪切りにする。玉ねぎは薄切りにする。ピーマンは輪切りにする。Aは混ぜ合わせておく。

2 クッキングシートの上にトマトを並べ、玉ねぎとピーマンを均等にのせる。Aをかけ、チーズをのせてオーブントースターで3～4分、表面に軽く焼き色がつくまで焼く。

PART
3
電子レンジ・トースターで！お手軽1品

厚揚げのねぎ味噌焼き

香ばしい味噌にねぎが合う。おつまみにも◎

材料（2人分）

厚揚げ … 1枚（200g）

A | 長ねぎ … 1/4本
　 | 味噌 … 大さじ1と1/2
　 | みりん … 小さじ1
　 | 砂糖 … 小さじ1/2
　 | ごま油 … 小さじ1/2

作り方

1 厚揚げは縦3〜4等分に切る。長ねぎは粗みじん切りにし、Aを混ぜ合わせる。

2 アルミホイルの上に厚揚げを並べ、Aを塗る。オーブントースターで4〜5分焼き色がつくまで焼く。

キャベツの塩昆布あえ

塩昆布のうま味で箸が進む、キャベツの簡単おかず

材料（2人分）

キャベツ … 3枚（150g）
塩昆布 … 大さじ2（10g）
塩 … 少々
ごま油 … 小さじ2

作り方

1　キャベツは細切りにし、耐熱容器に入れる。
　ふんわりとラップをして、電子レンジで2分
　加熱し、水気を切る。

2　1に塩、ごま油を加えて混ぜ合わせ、塩
　昆布を加えてあえる。

なすとベーコンの重ね焼き

重ねて焼くだけ！一口サイズで華やかなおかず

材料（2人分）

なす … 小2本
ベーコン（薄切り） … 2枚
塩 … 少々
粉チーズ … 大さじ2
乾燥パセリ … 適宜

作り方

1 なすは1cm幅の輪切りにする。ベーコンは3cm幅に切る。

2 アルミホイルになすを並べて塩を振り、ベーコンをのせて粉チーズを少量振る。さらになす、塩、ベーコンを同様に重ね、粉チーズをかける。

3 アルミホイルを被せてオーブントースターで3〜4分焼き、アルミホイルを外して焼き色がつくまで3〜4分焼く。お好みで、パセリを振る。

おなか満足！
ボリューム副菜

主菜があっさり系のとき、魚メニューのとき、品数をたくさん作れないとき……
献立に加えたい、おなかを満たすボリューム副菜レシピ。

PART

4

おなか満足！ボリューム副菜

小松菜のタンタン肉味噌がけ

ピリ辛肉味噌で小松菜が進む
物足りないときの1品にもおすすめ

材料（2人分）

小松菜 … 150g

A 豚ひき肉 … 100g
にんにく（チューブまたはすりおろし）
… 小さじ1/2
しょうが（チューブまたはすりおろし）
… 小さじ1/2
豆板醤 … 小さじ1/2
ごま油 … 小さじ1/2

B 豆乳 … 50mℓ
味噌 … 小さじ1
砂糖 … 小さじ1
めんつゆ（3倍濃縮）… 小さじ1
白すりごま … 小さじ1
鶏ガラスープの素 … 小さじ1/2

作り方

1 小松菜は3cm幅に切り、耐熱容器に茎→葉の順で入れる。ふんわりとラップをして、電子レンジで2分30秒加熱し、粗熱が取れたら水気を絞っておく。

2 フライパンに**A**を入れて弱火にかけ炒める。肉の色が変わったら**B**を加えて混ぜ、ひと煮立ちしたら火を止める。

3 器に小松菜を盛り、2をかける。

チーズいももちの照り焼き

甘辛い味が万人ウケする1品
ボリュームが欲しいときやおやつにも◎

材料（2人分）

じゃがいも … 2個（300g）
溶けるスライスチーズ … 2枚

A
| 片栗粉 … 大さじ2
| 水 … 小さじ1
| 塩・こしょう … 各少々

B
| 醬油 … 大さじ1
| みりん … 大さじ1
| 砂糖 … 小さじ1
| 水 … 小さじ1

油 … 少々

作り方

1 じゃがいもは皮を剝き、小さめの一口大に切る。耐熱容器に入れてふんわりとラップをし、電子レンジで6分加熱する。溶けるチーズは縦3等分に切る。**B**は混ぜ合わせておく。

2 じゃがいもが熱いうちに、なめらかになるまでしっかり潰し、**A**を加えて混ぜ合わせる。パサついてまとまりにくい場合は、水をさらに小さじ1ずつ（分量外）足して調整し、ひとまとまりにする。

3 6等分にして丸め、溶けるチーズを小さく折りたたんで包み、平たい円形に形作る。

4 フライパンに油を中火で熱し、3を入れて焼く。焼き色がついたら返して反対面も焼き色をつける。弱火にして**B**を加え、両面返しながら絡め、照りが出てきたら火を止める。

memo

じゃがいもは男爵いもがおすすめ。潰しやすく、なめらかでもちっとした仕上がりになります。

64

PART

4

お
な
か
満
足
！
ボ
リ
ュ
ー
ム
副
菜

里いものそぼろ煮

とろみのある鶏そぼろあんが里いもと相性◎

材料（2人分）

里いも（水煮）… 250g
鶏ひき肉 … 100g
酒 … 大さじ2
A | 水 … 100㎖
　| 醤油 … 大さじ1と1/2
　| みりん … 大さじ1と1/2
　| 酒 … 大さじ1
　| 砂糖 … 小さじ2
しょうが（チューブまたはすりおろし）
　… 小さじ1
片栗粉 … 小さじ1と1/2

memo

里いもは水煮を使って時短に。サイズを揃えて切ることで、火の通りが均一になります。

作り方

1　里いもは軽く水洗いしてぬめりを取り、水気を切っておく。大きいものは一口大に切る。

2　鍋にひき肉、酒を入れて弱火で熱し、かき混ぜる。そぼろ状になったらAを加えて混ぜ合わせる。

3　里いもを加え、ひと煮立ちしたら落としぶたをして弱火で7～8分煮る。ふたを取って1～2分煮たら、しょうが、同量の水（分量外）で溶いた片栗粉を加えて混ぜ、とろみがついたら火を止める。

PART
4
おなか満足！ボリューム副菜

豆腐のかきたまあんかけ

豆腐をボリュームアップさせたいときの1品

材料（2人分）

絹ごし豆腐 … 1丁（300g）
A | 水 … 150㎖
　 | めんつゆ（3倍濃縮）… 大さじ2
　 | 片栗粉 … 小さじ1
溶き卵 … 1個
小ねぎ（小口切り）… 適量

memo

豆腐は木綿でも絹ごしでもお好みでOK。

作り方

1　豆腐は水切りして半分に切る。

2　小鍋にAを入れてヘラで混ぜながら弱火にかける。ひと煮立ちしてとろみがついたら卵を流し入れ、大きく混ぜる。卵がふんわり浮いてきたら火からおろす。

3　豆腐を電子レンジで30秒加熱して器に盛り、2をかけて小ねぎをのせる。

じゃがいもとしめじのしそチーズ焼き

チーズが野菜の旨みを引き立てる簡単焼き

材料（2人分）

じゃがいも … 2個
しめじ … 1/3袋
大葉 … 4枚
塩 … ふたつまみ
こしょう … 少々
ピザ用チーズ … 30g

memo

塩・こしょうはしっかりめに
振っておくと◎。

作り方

1 じゃがいもは皮を剝いて一口大に切る。しめじは小房に分ける。大葉は粗みじん切りにする。

2 耐熱容器にじゃがいもを入れ、ふんわりとラップをして電子レンジで4分加熱する。しめじも加えてラップをし、さらに1分加熱する。

3 耐熱皿にじゃがいも、しめじを入れて大葉を散らし、塩・こしょうを振る。チーズをのせてオーブントースターで表面に焼き色がつくまで2〜3分焼く。

ねぎとひき肉の卵炒め

火の通りが早い食材であっという間に完成する1品

材料（2人分）

長ねぎ … 1本
豚ひき肉 … 100g
溶き卵 … 1個
ごま油 … 少々
A | 酒 … 小さじ1
　 | 醬油 … 小さじ1
　 | 砂糖 … 小さじ1/2
　 | 和風だし … 小さじ1/2
　 | 塩・こしょう … 各少々

memo

豚ひき肉は最初に焼き付けるようにして混ぜすぎないのがコツ。塊感が出て食べごたえがアップします。

作り方

1　長ねぎは5mm厚さの斜め薄切りにする。

2　フライパンにごま油を中火で熱し、ひき肉を入れて炒める。ひき肉の色が変わり始めたらAを加えて混ぜ合わせ、長ねぎを加えてサッと炒める。

3　フライパンにスペースをあけて、卵を流し入れ、卵が半熟になったら全体を大きく混ぜて火を止める。

キャベツとソーセージのハニーマスタード炒め

辛味と甘みのバランスが絶妙なお手軽副菜

材料（2人分）

キャベツ … 3〜4枚（200g）
ソーセージ … 2本
オリーブオイル … 少々
A | 粒マスタード … 大さじ1
　 | はちみつ … 小さじ1と1/2
　 | オリーブオイル … 小さじ1
　 | 醤油 … 小さじ1/2

作り方

1　キャベツはざく切りにする。ソーセージは斜め薄切りにする。Aは混ぜ合わせておく。

2　フライパンにオリーブオイルを中火で熱し、ソーセージを炒める。焼き色がついたらキャベツを加え、しんなりするまで炒める。

3　弱火にしてAを加え、炒める。全体に馴染んだら火を止める。

ピーマンのナポリタン風焼き

ピーマンカップでなんちゃってナポリタン

材料（2人分）

ピーマン … 2個
玉ねぎ … 1/4個（50g）
ベーコン（厚切り）… 20g
コーン缶 … 大さじ2
A｜ケチャップ … 大さじ2
　｜ウスターソース … 小さじ1
　｜塩 … ひとつまみ
　｜こしょう … 少々

作り方

1 ピーマンは縦半分に切り、タネを取る。玉ねぎは薄切り、ベーコンは1cm角に切る。コーン缶は汁を切っておく。Aは混ぜ合わせておく。

2 ピーマンに、玉ねぎ、ベーコン、コーンを均等に詰める。Aをかけてオーブントースターで5分程度焼く。

memo

焦げそうな場合はアルミホイルを被せて焼いてください。

玉ねぎとサーモンのマリネ

酸味の効いた玉ねぎで、サーモンがさっぱり食べられる

材料（2人分）

玉ねぎ … 1/2個（100g）
サーモン（刺身）… 200g
A 酢 … 大さじ1
　　 砂糖 … 小さじ1と1/2
　　 塩 … 小さじ1/2
　　 オリーブオイル … 大さじ1
大葉 … 2枚程度

作り方

1 ボウルに**A**を上から順に混ぜ合わせ、薄切りにした玉ねぎを入れて混ぜ、10分程度おく。大葉は千切りにする。

2 器にサーモンを並べ、*1*の玉ねぎと大葉をのせ、マリネ液を全体に回しかける。

memo

お好みで黒こしょうを振ってもおいしく仕上がります。玉ねぎの辛味が強い場合は、P38の方法で辛味抜きをしてから使用してください。

72

さつまいもとツナのごまマヨサラダ

ポテトサラダよりお手軽な、甘じょっぱいデリ風サラダ

材料（2人分）

さつまいも … 1本（300g）
ツナ缶（油漬け）… 1缶
A｜ マヨネーズ … 大さじ4
　｜ 黒いりごま … 小さじ1
　｜ 塩 … ふたつまみ
　｜ こしょう … 少々

作り方

1 さつまいもはよく洗い、皮つきのまま1.5cm
角に切り、水にさらして水気を切る。ツナ
缶は油を切っておく。

2 さつまいもを耐熱容器に入れ、ふんわり
とラップをして電子レンジで3分加熱する。
Aを加えて混ぜ合わせ、ツナを加えてあ
える。

memo

さつまいものアク抜きは水にさらして軽くもんだりかき混ぜたり
することで時短に。水が濁ったら入れ替え、2〜3回繰り返しま
す。変色が気にならない場合は、アク抜きしなくても OK。

ブロッコリーとゆで卵のサラダ

コクのある和風ごまマヨで、ヘルシー満足サラダ

材料（2人分）

ブロッコリー … 1/2株（100g）
ゆで卵 … 2個
A｜マヨネーズ … 大さじ3
　｜白すりごま … 大さじ2
　｜砂糖 … 大さじ1/2
　｜酢 … 大さじ1/2
　｜醬油 … 小さじ1
　｜ごま油 … 小さじ1
　｜塩・こしょう … 各少々

作り方

1　ブロッコリーは小房に分けて塩ゆでし、水気を切っておく。ゆで卵は2cm角に切る。

2　ボウルにAを混ぜ合わせ、ブロッコリーを入れて混ぜ合わせる。ゆで卵も加えてさっくりあえる。

PART
4
おなか満足！ボリューム副菜

アボカドとコーンのかき揚げ

トロッとしたアボカドにコーンの食感がアクセント

材料（2人分）

アボカド … 1個
コーン缶 … 50g
塩 … 少々
A｜水 … 大さじ2と1/2
　｜薄力粉 … 大さじ2
　｜片栗粉 … 大さじ1
油 … 適量
塩 … 適宜

作り方

1 アボカドは1.5cm角に切り、塩を振る。コーン缶は汁を切っておく。

2 ボウルにAを混ぜ合わせ、1を入れて全体にまぶす。

3 鍋に底1cm程度の油を中火で熱し、2を大きめのスプーン等ですくってそっと入れ、平らな丸型に形作る。同様に3つほど作る。

4 底面が焼き固まったら裏返して揚げ焼きにする。両面火が入ったら油を切る。器に盛り、お好みで塩を添える。

ちくわと長いもの磯辺焼き

青のりが長いもとちくわのおいしさを引き立てる

材料（2人分）

長いも … 150g
ちくわ … 小2本
塩 … 少々
めんつゆ（3倍濃縮）… 小さじ2
A | 水 … 大さじ2と1/2
　 | 薄力粉 … 大さじ2と1/2
　 | 青のり … 小さじ1と1/2
油 … 大さじ1

作り方

1 長いもは拍子木切りにして、塩、めんつゆを馴染ませておく。ちくわは斜め切りにする。

2 ボウルに**A**を混ぜ合わせて衣を作り、**1**を入れて表面にまぶす。

3 フライパンに油を中火で熱し、**2**を入れて焼く。焼き色がついたら返し、表面がきつね色に焼けたら火を止める。

しいたけのタルタルソース焼き

うま味たっぷりのしいたけを濃厚タルタルソースで

材料（2人分）

しいたけ … 4〜6個

A | ゆで卵 … 1個
  | 玉ねぎ … 1/4個（50g）
  | マヨネーズ … 大さじ1と1/2
  | 砂糖 … 小さじ1/2
  | 醤油 … 小さじ1/2
  | 酢 … 小さじ1/2
  | 塩・こしょう … 各少々

作り方

1 しいたけは軸と笠に分け、軸は石づきを落としてみじん切りにする。ゆで卵、玉ねぎは粗みじん切りにする。

2 しいたけの軸とAを混ぜ合わせ、しいたけの笠の内側に等分にのせる。

3 アルミホイルの上に2をのせ、アルミホイルを被せてオーブントースターで5分焼き、アルミホイルを外して表面に軽く焼き色がつくまで2〜3分焼く。

サバ缶と白菜の味噌煮

白菜たっぷり消費！ サバ缶でお手軽味噌煮

材料（2人分）

白菜 … 3〜4枚（300g）
サバ缶（水煮）… 1缶（190g）
A | 水 … 100㎖
　| 味噌 … 大さじ1と1/2
　| 酒 … 大さじ1
　| みりん … 小さじ2
　| 砂糖 … 小さじ1
　| 醤油 … 小さじ1
　| しょうが（チューブまたはすりおろし）
　　… 小さじ1

memo

白菜から出る水分で煮汁が薄くなった場合は、
お好みの濃さになるまで煮詰めてください。

作り方

1 白菜はざく切りにする。サバ缶は汁を切っておく。

2 フライパンにAを混ぜ合わせ、白菜を入れてふたをして中火にかける。白菜がしんなりしたら1のサバも加えてふたをし、2〜3分煮て、火を止める。

SPRING

春 の 野菜

キャベツ

ビタミンUが胃の粘膜を保護し、胃腸を元気に。うま味成分が豊富で加熱すると甘みが増す。ビタミンを摂りたいときは生食が◎。

にんじん

オレンジの色素β-カロテンが皮膚や粘膜を保護し、免疫力を高める。脂溶性のため、油で炒めると吸収率が高まる。

レタス

ビタミンやミネラル、食物繊維をバランスよく含む。スープや炒め物に入れるとかさが減ってたっぷり食べられる。

じゃがいも

加熱しても壊れにくいビタミンCや、皮にはガン予防効果があるクロロゲン酸が豊富なので、丸ごと食べるのもおすすめ。

※芽は除去する

さやえんどう

抗酸化作用を持つβ-カロテンやビタミンCが豊富。豆の部分にはビタミンB₁やタンパク質を含み、緑黄色野菜と豆の栄養を併せ持つ。

アスパラガス

疲労回復やスタミナアップに効果的。穂先に多く含まれるルチンには毛細血管を丈夫にし、血圧を下げる働きも。

たけのこ

整腸作用やコレステロールの吸収を抑える効果があり、うま味成分のアミノ酸が豊富。えぐみが強いのでアク抜きして使用を。

夏 の 野菜

トマト

抗酸化作用が高いリコピンが細胞の老化を防ぎ、ガンや動脈硬化の予防効果も。皮に栄養が多いので丸ごと食べるのが正解。

ピーマン

香り成分ピラジンが血液をサラサラにして血栓を予防。油で調理すると栄養素の吸収率がアップする栄養素を多く含むので、炒め物などが◎。

なす

皮に含まれるナスニンは眼精疲労の緩和や免疫力アップに効果があり、皮ごと食べるのがおすすめ。水溶性の栄養素が多いので水にさらさずに使って。

かぼちゃ

免疫力を高めるビタミンC・Eが豊富。肌荒れに効くβ-カロテンは油で炒めたり、マヨネーズであえると吸収力アップ。

とうもろこし

糖質やタンパク質が豊富な主食野菜。胚芽にビタミン、ミネラルを多く含む。食物繊維がたっぷりで便秘解消に効果的。

COLUMN

1

旬の野菜のうれしい効能

オクラ

ネバネバ成分ペクチンには整腸作用や血中のコレステロールを下げる働きがある。免疫力アップも期待でき、夏バテ予防にも。

きゅうり

カリウムが利尿作用で老廃物を排出。ぬか漬けにするとビタミンB₁やカリウムが増え、乳酸菌も摂取できる。

きのこ類

低カロリーで食物繊維が豊富なきのこ類。しいたけは骨を丈夫にし、うま味成分もたっぷり。まいたけは免疫力を高め、がん予防効果も。えのきは安眠効果や疲労回復、しめじは疲労回復、集中力アップ効果が期待できる。

里いも

ぬめり成分のガラクタンが消化を促進し、腸内環境を整える。カリウムが豊富でむくみ予防や血圧を下げる効果も。

さつまいも

加熱してもビタミンCが壊れにくく、丈夫な肌を作る。切り口から出る白い液ヤラピンは腸の動きを促進し、便秘の改善にも。

ごぼう

豊富な食物繊維が腸内環境を整え、血糖値の上昇を抑える。ポリフェノールが水溶性のため、アク抜きなしで調理して。
※春が旬の品種も

れんこん

ビタミンCが疲労回復や肌荒れ改善に効果あり。ねばり成分が粘膜を保護し、風邪予防や消化促進にも効果的。

長いも

滋養強壮効果があり、夏バテや疲労回復に役立つ。長いもに豊富な消化酵素ジアスターゼを摂取するには生で食べるのがおすすめ。

冬 の野菜

大根

消化酵素アミラーゼが胃腸の働き
を整え、消化を助ける。すりおろ
すと発生する辛味成分にはがんや
血栓を予防する効果も。

白菜

ビタミンCが風邪の回復や免疫力ア
ップに効果的。高血圧の予防に役
立つカリウムも豊富。食欲がない
ときの栄養補給にぴったり。

ほうれん草

豊富な鉄分と鉄の吸収を促すビタ
ミンCの両方が含まれ、貧血を予
防。強い抗酸化力を持つβ-カロテ
ンが美肌作りに役立つ。

小松菜

カルシウムを多く含み、骨や歯を
丈夫に。ビタミンCも豊富で、冬
の風邪やストレス対策に摂りたい
野菜。

長ねぎ

辛味成分アリシンが血行を促し、
疲労回復や風邪予防に効果的。殺
菌効果もあるため、肉や魚の臭み
消しにも重宝する。

水菜

豊富なビタミンCが免疫力を高め、
美肌効果も。熱に弱い栄養素が多
く、油と一緒に生で食べると吸収
率がアップ。

ブロッコリー

強力な抗酸化作用があるスルフォ
ラファンを含み、花粉症対策や老
化防止にも。蒸しゆでかレンジ加
熱でビタミンの流出を抑えると◎。

煮るだけ！ 注ぐだけ！
野菜たっぷりスープ

鍋で作る野菜たっぷりスープから、お椀で作れる即席スープまで、
味を変えて楽しめる汁物のバリエーションを増やしたいときのレシピ。

長いもと鶏肉の白湯風スープ

アジアン風味の優しいスープ
胃腸が疲れているときにもおすすめ

材料（2人分）

長いも … 150g
鶏もも肉 … 150g
水 … 400mℓ
酒 … 大さじ1
A 鶏ガラスープの素 … 大さじ1
 しょうが（チューブまたはすりおろし）
  … 小さじ1
 にんにく（チューブまたはすりおろし）
  … 小さじ1/2
 こしょう … 少々
塩 … ふたつまみ
ごま油 … 小さじ1
豆苗（3cm幅）… 適量

作り方

1 長いもは皮を剝いて1cm幅の半月切りにする。
 鶏もも肉は一口大に切る。

2 鍋に水、酒、鶏もも肉を入れて中火にかける。
 煮立ったら弱火にしてふたをし、5分程度煮る。
 長いもを加えて再度ふたをして2〜3分弱めの
 中火にかける。

3 Aを加えて混ぜ、塩で味を調える。火を止め
 てごま油を回しかける。器に盛り、豆苗をの
 せる。

memo

鶏肉は手羽元など骨つきを使うのもおすすめ。鶏のうま味
がよりスープに溶け出します。

ピリ辛肉だんご中華スープ

メインが物足りないときに、
ピリ辛肉だんごで満足感アップのスープ

材料（2人分）

もやし … 1/3袋（60g）
にんじん … 1/3本（60g）
水 … 400㎖
A | 豚ひき肉 … 150g
　 | 長ねぎ … 5㎝程度
　 | 片栗粉 … 小さじ2
　 | 酒 … 小さじ2
　 | ごま油 … 小さじ1
　 | 塩 … ふたつまみ
B | 鶏ガラスープの素 … 小さじ2
　 | 醤油 … 小さじ1
　 | 酢 … 小さじ1/2
　 | 豆板醤 … 小さじ1/2

作り方

1　にんじんは細切り、長ねぎはみじん切りにする。
　　ボウルにAを入れ粘りが出るまでしっかり混ぜ
　　合わせ、3㎝程度のだんご状に丸める。

2　鍋に、にんじん、もやし、水を入れてふたをし
　　てしんなりするまで火にかける。だんごをスプ
　　ーン等でそっと入れてふたをしてさらに4〜5分
　　煮る。

3　Bを加えて混ぜ合わせ、ひと煮立ちしたら火
　　を止める。

煮
る
だ
け
！
注
ぐ
だ
け
！
野
菜
た
っ
ぷ
り
ス
ー
プ

キャベツと豚肉のとんこつ風味噌汁

コクのあるごま味噌味で、ほっこり温まる和風ミルクスープ

材料（2人分）

キャベツ … 2枚程度（100g）
えのき … 1/2株（50g）
豚バラ薄切り肉 … 100g
水 … 400mℓ
酒 … 小さじ2
A 牛乳（または豆乳）… 50mℓ
　　鶏ガラスープの素 … 小さじ1
　　醤油 … 小さじ2
　　みりん … 小さじ1
　　にんにく（チューブまたはすりおろし）… 小さじ1
　　塩・こしょう … 各少々
味噌 … 大さじ1
白すりごま … 小さじ2
ごま油 … 小さじ1

作り方

1 キャベツは細切り、えのきは4〜5cm幅に切る。豚肉は食べやすいサイズに切る。

2 鍋にキャベツ、えのき、豚肉、水、酒を入れて中火にかける。煮立ったら弱火にしてふたをし、5〜6分煮る。アクが出たら取る。

3 **A**を加えて混ぜ合わせ、ひと煮立ちしたら火を止める。味噌を溶き入れ、すりごま、ごま油を加える。

和風ポトフ

優しい和風だしで、ゴロゴロ野菜をおいしく食べる

材料（2人分）

A じゃがいも（中または小）… 1個
にんじん … 1/2本
白菜 … 1枚
しいたけ … 2個
ソーセージ … 2本
水 … 400mℓ
和風だし … 小さじ2

醬油 … 小さじ1
塩 … ひとつまみ
こしょう … 少々

作り方

1 じゃがいもは皮を剝いて半分に切る。にんじんは乱切り、白菜はざく切り、しいたけは石づきを落として半分に切る。

2 鍋に白菜以外の**A**を入れて中火にかけ、煮立ったらふたをして弱火にし、8〜9分煮る。白菜も加えて再度ふたをし、さらに3〜4分煮る。

3 醬油、塩、こしょうを加えて混ぜ、ひと煮立ちしたら火を止める。

豆苗ととろろの即席味噌汁

忙しいときに大助かり！ お椀で作る基本の味噌汁

材料（2人分）

A ┃ 豆苗 … 1/4袋
　　┃ とろろ昆布 … ふたつまみ
　　┃ 和風だし … 小さじ1/2
　　┃ 味噌 … 大さじ1
熱湯 … 320ml

memo

お椀に注ぐと少し温度が下がるので、沸騰したての熱湯で作るのがおすすめ。

作り方

1 豆苗は3cm幅に切る。

2 お椀に**A**を半量ずつ入れ、湯を等分に注いで混ぜる。

トマトのねぎ塩レモンスープ

食欲がないときもさっぱり食べられる、トマトのうま味が溶け込んだスープ

材料（2人分）

トマト … 小1個（100g）
長ねぎ … 1/3本（30g）
豚バラ薄切り肉 … 50g
水 … 400㎖
A｜鶏ガラスープの素 … 小さじ2
　｜砂糖 … 小さじ1
　｜レモン汁 … 小さじ1
　｜醤油 … 小さじ1/2
　｜塩 … ひとつまみ

作り方

1　トマトは横1㎝の輪切りにする。長ねぎ
　　は小口切りにする。豚肉は2㎝幅に切る。

2　鍋に水を入れて沸かし、豚肉を入れてゆ
　　でる。アクが出たら取り、トマト、長ねぎ
　　も加えてふたをし、弱火で2～3分煮る。

3　Aを加えて混ぜ合わせ、ひと煮立ちした
　　ら火を止める。

即席わかめスープ

中華や韓国風のおかずと相性バツグンな即席スープ

材料（2人分）

A 乾燥わかめ … ふたつまみ
　　小ねぎ … 1本
　　鶏ガラスープの素 … 小さじ2
　　白いりごま … 小さじ1
　　ごま油 … 小さじ1/2
熱湯 … 300mℓ

作り方

1　小ねぎは小口切りにする。

2　お椀にAを半量ずつ入れ、湯を等分に注いで混ぜる。

石狩鍋風味噌汁

野菜も魚も食べられる主役級おかずスープ

材料（2人分）

キャベツ … 1枚（50g）
大根 … 4cm程度（100g）
しめじ … 1/4袋
生鮭 … 1切れ
水 … 400㎖
A｜みりん … 小さじ1
　｜酒 … 小さじ1
　｜醤油 … 小さじ1
　｜和風だし … 小さじ1/2
味噌 … 大さじ1と1/2

memo

塩鮭を使用する場合は醤油を半量にし、味噌
も少なめの量から調整して加えてください。

作り方

1　キャベツはざく切りにする。大根は5mm
　幅のいちょう切りにする。しめじは石づ
　きを落として小房に分ける。鮭は4等分
　に切る。

2　鍋に水、大根、キャベツを入れ、ふたをし
　て中火にかける。大根が軟らかくなったら
　鮭、しめじを加えて再度ふたをし、弱火で
　5分程度煮る。

3　Aを加えて混ぜ、ひと煮立ちしたら火を止
　めて味噌を溶き入れる。

もずくとミニトマトのスープ

濃いめのおかずに合わせたい、さっぱりとした酸味の和風スープ

材料（2人分）

A ミニトマト … 6個
　もずく酢 … 1パック（70g）
　醤油 … 小さじ1
　和風だし … 小さじ1
　ごま油 … 少々
熱湯 … 300mℓ

memo

もずく酢は汁ごと使います。温度が下がりやすいので沸騰したての熱湯で作るのがおすすめ。

作り方

1 ミニトマトは横半分に切る。

2 お椀にAを半量ずつ入れ、湯を等分に注いで混ぜる。

玉ねぎのカレースープ

スパイシーなカレー味が食欲をそそる1杯

材料（2人分）

A | 玉ねぎ … 1/2個(100g)
  | 顆粒コンソメ … 小さじ 2
  | カレー粉 … 小さじ2/3
  | 塩·こしょう … 各少々
熱湯 … 340㎖
オリーブオイル … 少々
乾燥パセリ … 少々

作り方

1. 玉ねぎは薄切りにし、耐熱容器に入れてふんわりとラップをし、電子レンジで2分加熱する。

2. お椀にAを半量ずつ入れ、湯を等分に注いで混ぜる。オリーブオイルを回しかけ、乾燥パセリを振る。

95

キャベツとコーンのごま豆乳スープ

まろやかな豆乳にシャキシャキした食感が楽しい一杯

材料（2人分）

キャベツ … 2枚程度（100g）
コーン缶 … 大さじ2
水 … 200mℓ
A 豆乳 … 150mℓ
　　味噌 … 大さじ1
　　白すりごま … 大さじ1
　　和風だし … 小さじ1/2

作り方

1 キャベツは2cm大に切る。コーン缶は汁を切っておく。

2 鍋に水とキャベツを入れてふたをし、キャベツがしんなりするまで火にかける。

3 コーン、Aを加えて混ぜ合わせ、沸騰直前に火を止める。

ねぎとサバ缶のしょうがスープ

しょうがを効かせた食べ応えたっぷりの味噌スープ

材料（2人分）

A｜長ねぎ … 1/2本（50g）
　｜サバ缶（水煮）… 1/2缶（約100g）
　｜しょうが（チューブまたはすりおろし）
　｜　… 小さじ1
　｜和風だし … 小さじ1/2
　｜味噌 … 大さじ1
　熱湯 … 320㎖
　ごま油 … 少々

memo

沸騰したての熱湯で作るのがおすすめ。

作り方

1　ねぎは縦半分に切り、斜め薄切りにする。
　　サバ缶は汁を切って粗くほぐす。

2　お椀にAを半量ずつ入れ、湯を等分に注
　　いで混ぜ、ごま油を加える。

レタスとハムのコンソメスープ

火が通りやすいレタスは即席スープにぴったり

材料（2人分）

A | レタス … 2枚程度（60g）
| ハム … 3枚
| 顆粒コンソメ … 小さじ2
熱湯 … 360mℓ

memo

沸騰したての熱湯で作るのがおすすめ。

作り方

1 レタス、ハムは細切りにする。

2 お椀に**A**を半量ずつ入れ、湯を等分に注いで混ぜる。

かいわれとカニカマの中華スープ

キッチンバサミを使えば包丁いらずのお手軽スープ

材料（2人分）

A｜かいわれ大根 … 1 パック
　｜カニカマ … 30g
　｜鶏ガラスープの素 … 小さじ2
　｜醤油 … 小さじ1/2
熱湯 … 320㎖

作り方

1　かいわれ大根は3㎝幅に切る。カニカマは手でさく。

2　お椀にAを半量ずつ入れ、湯を等分に注いで混ぜる。

水菜の梅塩昆布スープ

調味料代わりの梅干しと塩昆布でさっぱり味

材料（2人分）

A | 水菜 … 1株（50g）
| 梅干し … 2個
| 塩昆布 … ふたつまみ（4g）
| 和風だし … 小さじ1
熱湯 … 320㎖

memo

沸騰したての熱湯で作るのがおすすめ。

作り方

1　水菜は3㎝幅に切る。梅干しはタネを取り除き、粗く刻む。

2　お椀にAを半量ずつ入れ、湯を等分に注いで混ぜる。

フライパンひとつで満足
メインおかず

炒め物から煮物まで、フライパンだけで気軽に作れるメインおかず。
肉や魚と一緒に野菜もたっぷり食べられる満足レシピ。

きのこの豚巻きみぞれ煮

ジューシーな豚肉×きのこのうま煮を
大根おろしが引き立てる

材料（2人分）

豚薄切り肉 … 250g
きのこ類（しめじ、えのき、まいたけなど）
　… 100g程度
片栗粉 … 大さじ1
油 … 少々
A｜大根 … 1/4本（250g）
　｜醤油 … 大さじ1と1/2
　｜みりん … 大さじ1と1/2
　｜酒 … 大さじ1
　｜砂糖 … 小さじ1と1/2
小ねぎ（小口切り）… 適量

作り方

1　豚肉は端を少し重ねて横に2枚並べ、きのこを
　のせて端から巻く。同様に残りも作る（10個程
　度目安）。片栗粉を表面にまぶす。大根はすり
　おろして**A**を混ぜておく。

2　フライパンに油を中火で熱し、豚肉は巻き終わ
　りを下にして並べて焼く。焼き色がついたら転
　がして全体に焼き色をつける。

3　**A**を加えて大根を均一に広げ、ふたをして弱火
　で5〜6分煮る。ふたをあけて1〜2分煮詰め、
　火を止める。小ねぎをのせる。

memo

豚肉はロースやバラなどお好みの部位でOK。フライパン
に並べ入れたら、あまり触らずに巻き終わりが焼き固まる
までしっかり焼くと崩れにくくなります。

ねぎたっぷり油淋鶏

揚げずに作れる油淋鶏
たっぷりのねぎだれでご飯がもりもり進みます

材料（2人分）

鶏もも肉 … 大1枚（350g）
酒 … 大さじ1
塩・こしょう … 各少々
片栗粉 … 大さじ2
油 … 大さじ3
A｜長ねぎ … 1本（100g）
　｜醬油 … 大さじ2
　｜砂糖 … 大さじ1と1/2
　｜酢 … 大さじ1
　｜ごま油 … 大さじ1
　｜しょうが（チューブまたはすりおろし）
　｜　… 小さじ1
　｜にんにく（チューブまたはすりおろし）
　｜　… 小さじ1/2

作り方

1　鶏もも肉は厚い部分に切り込みを入れて開き、厚みを均等にする。両面に塩・こしょうを振り、皮と反対側の面に酒を振って馴染ませ、10分ほどおく。

2　長ねぎはみじん切りにし、Aを混ぜ合わせておく。

3　鶏肉は片栗粉を両面にまぶし、フライパンに油を中火で熱して鶏肉を皮目を下にして入れ、中火で揚げ焼きにする。きつね色に焼けたら返し、弱めの中火にして火を通す。中まで火が入り両面しっかり焼けたら油を切る。

4　粗熱が取れたら食べやすいサイズに切って器に盛り、Aをかける。

memo

鶏肉は焼き色がつくまで触らずにじっくり焼くとパリッと仕上がります。

ブリと彩り野菜の甘酢あん

さっぱりとした甘酢あんがブリと相性◎
魚と野菜がおいしく食べられる1皿

材料（2人分）

ブリ … 2切れ
玉ねぎ … 1/4個（50g）
にんじん … 1/4本（50g）
ピーマン … 1個
黄パプリカ … 1/2個
塩 … 少々
薄力粉 … 大さじ1
油 … 小さじ2

A 水 … 120mℓ
　　醤油 … 大さじ2
　　酢 … 大さじ1
　　みりん … 大さじ1
　　砂糖 … 大さじ1と1/2

片栗粉 … 小さじ1と1/2

作り方

1 ブリは一口大に切り、塩を振って10分おく。出てきた水気をペーパータオルで拭き、表面に薄力粉をまぶす。玉ねぎはくし形切り、にんじんは細切り、ピーマンとパプリカは小さめの乱切りにする。

2 フライパンに油を中火で熱し、ブリを入れて焼く。焼き色がついたら返し、ふたをして弱火にし、5〜6分蒸し焼きにする。ブリに火が通ったら取り出し、野菜類を入れて炒める。しんなりしたら取り出す。

3 フライパンをきれいに拭き取り、**A**を入れて混ぜ合わせ火にかける。ひと煮立ちしたら弱火にし、同量の水（分量外）で溶いた片栗粉を加えて混ぜ、とろみが出たら火を止める。

4 器に2を盛り、3をかける。

大葉バーグの和風おろしソース

さっぱりポン酢だれでいただく大葉を効かせたハンバーグ

材料（2人分）

A 合びき肉 … 200g
　 大葉 … 4枚
　 玉ねぎ … 1/2個（100g）
　 卵 … 小1個
　 パン粉 … 大さじ2
　 酒 … 大さじ1
　 塩 … ふたつまみ
　 こしょう … 少々
油 … 少々
大根おろし … 150g
大葉 … 2枚
B ポン酢 … 大さじ3
　 醤油 … 小さじ1
　 砂糖 … 小さじ1
　 ごま油 … 小さじ1

作り方

1 大葉は粗みじん切りに、玉ねぎはみじん切りにし、ボウルにAを入れて粘りが出るまでしっかり混ぜ合わせる。2等分にして丸め中心を少しへこませる。Bは混ぜ合わせておく。

2 フライパンに油を中火で熱し、丸めたタネを入れて焼く。焼き色がついたら返し、ふたをして弱火で7〜8分焼く。軽く押して透明な肉汁が出てきたら火を止める。

3 器に2を盛り、大葉、大根おろしをのせ、Bを回しかける。

PART
6
フライパンひとつで満足 メインおかず

キャベツとえびの中華卵炒め

キャベツの甘みとえびの塩気が絶妙なバランス

材料（2人分）

えび … 12尾程度（200g）
塩 … 少々
片栗粉 … 小さじ2
キャベツ … 5枚程度（250g）
溶き卵 … 2個
油 … 小さじ1
酒 … 大さじ1
A｜鶏ガラスープの素 … 小さじ2
　｜醤油 … 小さじ1と1/2
　｜にんにく（チューブまたは
　｜　すりおろし）… 小さじ1/2
　｜しょうが（チューブまたは
　｜　すりおろし）… 小さじ1/2
　｜塩・こしょう … 各少々

memo

冷凍の剥きえびを使う場合は、ボウルに入れて湯
を被る程度に注いで3分ほどおき、水気をしっか
り切ると、水っぽくならずに時短で使用できます。

作り方

1　えびは殻と尾を取り、背に切り込みを入
　れて背わたを取り除く。片栗粉と塩をも
　み込んで流水で洗い、水を切る。キャベ
　ツはざく切りにする。

2　フライパンに油を中火で熱し、キャベツ
　を入れて炒める。キャベツに油が回った
　ら、えびも加えて炒める。えびの色が変
　わってきたら、酒を入れて軽く炒め、A
　を加えて混ぜ合わせる。

3　味が全体に馴染んだらフライパンのスペー
　スをあけ、卵を流し入れる。卵をかき混ぜ、
　半熟になったら全体を大きく混ぜて火を止
　める。

牛肉とごぼうのしぐれ煮

甘辛い味がご飯と合う! 覚えておきたい和の定番おかず

材料（2人分）

牛薄切り肉 … 200g
ごぼう … 1本（150g）
しょうが … 2かけ
油 … 少々
A 水 … 80㎖
　 酒 … 大さじ3
　 みりん … 大さじ2
　 醬油 … 大さじ2
　 砂糖 … 大さじ1と1/2

作り方

1　牛肉は食べやすいサイズに切る。ごぼうはささがきにし、水にさらして水を切る。しょうがは千切りにする。

2　フライパンに油を中火で熱し、牛肉を入れて炒める。色が変わり始めたらごぼうも加えて軽く炒める。弱火にしてAを加えて混ぜ合わせ、しょうがを全体に散らしてふたをして7～8分煮る。

3　ふたをあけて軽く混ぜて1～2分煮詰め、火を止める。

鶏肉となすのくわ焼き煮

香ばしい鶏肉とうま味を吸ったなすが絶品の1皿

材料（2人分）

鶏もも肉 … 1枚（300g）
なす … 2本（200g）
塩・こしょう … 各少々
酒 … 小さじ1
片栗粉 … 大さじ1
油 … 小さじ1
A｜水 … 大さじ3
　｜酒 … 大さじ3
　｜みりん … 大さじ3
　｜醤油 … 大さじ2
　｜砂糖 … 小さじ1

memo

片栗粉をまぶすことで、鶏肉にたれが
絡んでしっかり味が染みます。

作り方

1　なすは乱切りにする。鶏もも肉は一口
　　大に切って塩・こしょうと酒をもみ込み、
　　5分程度おき、片栗粉をまぶす。

2　フライパンに油を中火で熱し、鶏肉を皮目
　　から焼く。焼き色がついたら返し、スペー
　　スをあけてなすも加えて焼く。返しながら
　　全体に焼き色をつける。

3　弱火にしてAを加えて混ぜ合わせ、ふた
　　をして6〜7分煮て火を止める。

オクラと豚ひき肉の豆腐チャンプルー

ヘルシーなのに満足感たっぷり！ 手早く作れる炒め物

材料（2人分）

豚ひき肉 … 150g
木綿豆腐 … 1丁（300g）
オクラ … 8本
油 … 少々
塩・こしょう … 各少々
A｜酒 … 大さじ1
　｜醤油 … 小さじ2
　｜砂糖 … 小さじ1と1/2
　｜オイスターソース … 小さじ1
　｜鶏ガラスープの素 … 小さじ1
かつお節 … 1パック（2g）

memo

豆腐はひき肉やオクラを炒めている間は混ぜずにフライパンの端で焼きます。ときどき返して、きつね色になるまで焼くと◎。

作り方

1　豆腐は水切りし、2cm角に切る。オクラは斜め切りにする。Aは混ぜ合わせておく。

2　フライパンに油を中火で熱し、豆腐を入れて焼く。焼き色がついたら、スペースをあけてひき肉を入れ、塩・こしょうを振って炒める。肉の色が変わったらオクラも加えて2～3分炒める。

3　ひき肉とオクラの上にAを加えて混ぜ、馴染んだら豆腐も合わせて大きく混ぜ、火を止める。

4　器に盛り、かつお節をのせる。

白菜のつくね煮

たっぷり白菜とつくねのうま味で煮汁ごとおいしく食べられる

材料（2人分）

白菜 … 2枚程度（180g）
A 豚ひき肉 … 200g
　長ねぎ … 1/3本
　パン粉 … 大さじ2
　醤油 … 大さじ1
　酒 … 大さじ1
　しょうが（チューブまたは
　　すりおろし）… 小さじ1/2
　ごま油 … 小さじ1/2
　塩 … ふたつまみ
　こしょう … 少々
B 水 … 200㎖
　酒 … 大さじ1
　鶏ガラスープの素 … 小さじ1
　塩 … ひとつまみ

作り方

1 白菜は細切りにする。ボウルに**A**を入れ、粘りが出るまでしっかり混ぜ合わせ、4等分にして丸める。

2 フライパンに**B**を入れて混ぜ合わせ、*1*のつくねを並べて入れ弱火にかける。ひと煮立ちしたら2〜3回煮汁をかけ、ふたをして3〜4分煮る。

3 あいたスペースに白菜を入れ、ふたをして弱火で5〜6分煮る。

4 ふたをあけ、1〜2分煮詰めて火を止める。

memo

つくねは鶏ひき肉で作ると、あっさりとした仕上がりに。

鶏肉とピーマンの甘酢炒め

まろやかな甘酢味でピーマンが苦手な人こそ試してほしい

材料（2人分）

鶏もも肉 … 1枚（300g）
ピーマン … 2個（80g）
酒 … 大さじ1
塩・こしょう … 各少々
片栗粉 … 大さじ1
油 … 大さじ1
A | 醤油 … 大さじ1と1/2
　 | 酒 … 大さじ1
　 | 砂糖 … 大さじ1
　 | 酢 … 小さじ2
　 | ケチャップ … 小さじ1
ごま油 … 少々

作り方

1　鶏もも肉は一口大に切り、塩・こしょう、酒をもみ込んで5分程度おく。ピーマンは乱切りにする。Aは混ぜ合わせておく。

2　鶏肉に片栗粉をまぶし、フライパンに油を中火で熱して皮目から焼く。焼き色がついたら返してさらに2～3分焼き、ピーマンも加えて炒める。ふたをして弱火で5分程度蒸し焼きにする。

3　ふたをあけてフライパンの余分な油を拭き取り、Aを加えて混ぜ合わせ、水分を飛ばしながら照りが出るまで炒める。火を止めてごま油を回しかける。

牛肉のプルコギ風炒め

甘辛い韓国味で、野菜がたっぷり食べられる

材料（2人分）

牛薄切り肉 … 200g

A | 醤油 … 大さじ1と1/2
　 | 酒 … 大さじ1
　 | コチュジャン … 大さじ1
　 | ごま油 … 小さじ2
　 | 砂糖 … 小さじ2
　 | にんにく（チューブまたは
　 | 　すりおろし）… 小さじ1

玉ねぎ … 1/2個（100g）

にんじん … 1/2本（100g）

ニラ … 1/2束（50g）

もやし … 1/2袋（100g）

油 … 少々

塩 … ひとつまみ

B | こしょう … 少々
　 | ごま油 … 少々
　 | 白いりごま … 適量

作り方

1　牛肉は食べやすい大きさに切る。ボウルにAを混ぜ合わせ、牛肉を漬けてラップをして冷蔵庫で20分以上おく。

2　玉ねぎはくし形切りに、にんじんは細切りに、ニラは4〜5cm幅に切る。

3　フライパンに油を中火で熱し、玉ねぎ、にんじんを入れて、塩を振って炒める。しんなりしてきたら、もやしを加えて2〜3分炒める。

4　肉を漬けだれごと加えて炒め、肉に火が通ったらニラを加えてさらに1〜2分炒める。火を止めてBを加え、混ぜる。

memo

牛肉はジップ付き保存袋に入れて漬け込んでも○。牛肉は切り落としや細切れを使ってもOK。

鮭の竜田きのこあんかけ

カリッと焼いた鮭をまろやかなきのこあんで

材料（2人分）

塩鮭（甘口）… 2切れ
しめじ … 1/3袋
まいたけ … 1/3パック
片栗粉 … 大さじ1
油 … 大さじ1
A ｜ 水 … 100㎖
　｜ 醬油 … 大さじ2
　｜ みりん … 大さじ1と1/2
　｜ 酒 … 大さじ1
　｜ 砂糖 … 小さじ2
片栗粉 … 小さじ1と1/2
小ねぎ（小口切り）… 適量

memo

生鮭を使う場合は、最初に鮭に塩を少々振ってから使用してください。

作り方

1 鮭は食べやすいサイズに切って、表面に片栗粉をまぶす。しめじは石づきを落として小房に分け、まいたけは手でさく。

2 フライパンに油を中火で熱し、鮭を入れて焼く。焼き色がついたら返し、ふたをして弱火で5〜6分蒸し焼きにして火を止め、器に鮭を取り出す。

3 フライパンの油を拭き取り、Aを入れて混ぜ合わせ、しめじ、まいたけを入れて中火にかける。ひと煮立ちしたらふたをして弱火にし、1〜2分火にかける。同量の水（分量外）で溶いた片栗粉を加えて混ぜ、とろみがついたら火を止める。

4 鮭の上に3のきのこあんをかけて、小ねぎをのせる。

豚肉となすの煮浸し

少ない油で、じゅわトロ食感のなすが味わえる

材料（2人分）

豚薄切り肉 … 200g

なす … 2本（200g）

A | 水 … 150mℓ
  | 酒 … 大さじ2
  | みりん … 大さじ2
  | 醤油 … 大さじ1と1/2
  | 砂糖 … 小さじ1
  | 和風だし … 小さじ1/2

油 … 小さじ1

memo

完成後2～3時間おいて味を馴染ませ、再度温めるとよりおいしくなります。※夏場は粗熱が取れたら冷蔵庫に入れてください。

作り方

1. 豚肉は食べやすいサイズに切る。なすは縦半分に切り、皮に5mm間隔で浅く切り込みを入れ、さらに縦半分に切る。Aは混ぜ合わせておく。

2. フライパンに油を中火で熱し、豚肉を入れて炒める。肉の色が変わり始めたらなすも加えて1～2分炒める。

3. ペーパータオルで余分な油を拭き取り、Aを加えてふたをして弱火で6～7分煮る。

4. ふたをあけ、1～2分煮詰めて火を止める。

タラの和風ねぎマヨ焼き

のせて焼くだけ！ ねぎ味噌マヨネーズで満足魚メニュー

材料（2人分）

タラ … 2切れ
塩・こしょう … 各少々
油 … 少々
A │ 長ねぎ … 1/3本
　│ マヨネーズ … 大さじ2
　│ 味噌 … 小さじ1
　│ みりん … 小さじ1

memo

フライパンの代わりにオーブンで焼くと、ねぎがこんがり香ばしく仕上がります。クッキングシートにタラを並べて A を広げてのせ、180度に予熱したオーブンで15分程度が目安。

作り方

1　タラは表面に塩・こしょうを振る。長ねぎを粗みじん切りにし、A を混ぜ合わせる。

2　フライパンに油を中火で熱し、タラを焼く。焼き色がついたら返して弱火にする。

3　タラの上に A を広げてのせ、ふたをして5分程度蒸し焼きにし、火を止める。

サバのトマト煮込み

さっぱりトマト味で食べやすいサバの洋風アレンジ

材料（2人分）

サバ … 半身1枚
玉ねぎ … 1/2個（100g）
にんにく … 1かけ
オリーブオイル … 大さじ1
酒 … 大さじ1
A | 水 … 100mℓ
　 | トマト缶 … 1/2缶（200g）
　 | 酒 … 大さじ1
　 | 砂糖 … 小さじ2
　 | 醤油 … 小さじ2
　 | 顆粒コンソメ … 小さじ1
味噌 … 小さじ1/2
乾燥パセリ … 適宜

作り方

1 サバは半分に切ってザルに入れ、熱湯（分量外）を回しかけて臭みを取る。玉ねぎ、にんにくはみじん切りにする。Aは混ぜ合わせておく。

2 フライパンにオリーブオイルを弱火で熱し、玉ねぎ、にんにくを入れて炒める。あいたスペースにサバを皮目を下にして焼く。玉ねぎは焦がさないようにしんなりするまで炒め、サバは焼き色がついたら返して酒を回しかける。

3 Aを加えて大きく混ぜ、ふたをして弱火で15分煮る。ふたをあけて1〜2分煮詰め、味噌を溶かし入れ、火を止める。お好みで乾燥パセリを振る。

とにかく時間がない！ 手早く作りたいとき

キャベツのコールスロー
→ 作り方 P14

トマトときゅうりのもずくサラダ
→ 作り方 P33

ねぎたっぷり油淋鶏
→ 作り方 P104

即席わかめスープ
→ 作り方 P92

ねぎとサバ缶のしょうがスープ
→ 作り方 P97

アボカドのりナムル
→ 作り方 P15

かぼちゃのチーズ焼き
→ 作り方 P54

牛肉のプルコギ風炒め
→ 作り方 P115

おなか空いた…… ボリュームが欲しいとき

なすの田楽
→ 作り方 P28

にんじんのだしごまあえ
→ 作り方 P27

きのこの豚巻きみぞれ煮
→ 作り方 P102

豆苗ととろろの即席味噌汁
→ 作り方 P90

COLUMN
2
こんなときに作りたい献立例

122

かいわれとカニカマの中華スープ
→ 作り方 P99

ブロッコリーとゆで卵のサラダ
→ 作り方 P74

豆腐のねぎだれマリネ
→ 作り方 P44

ブリと彩り野菜の甘酢あん
→ 作り方 P107

高タンパクで低カロリー ヘルシーに食べたいとき

野菜

きのこ類

肉類

魚類

海藻類

大豆製品

牛乳、乳製品

その他、加工品など

STAFF

デザイン／藤田康平＋前川亮介（Barber）
撮影／三束サイ
スタイリング／野中恵梨子
イラスト／砂糖ゆき
調理／井上裕美子（エーツー）
調理アシスタント／石川みのり（エーツー）
撮影協力／UTUWA

晩ごはん食堂の無限においしい野菜レシピ

2024年2月29日　第1刷発行

著　者　　　晩ごはん食堂

発行人　　　見城 徹
編集人　　　菊地朱雅子
編集者　　　松本あおい
発行所　　　株式会社 幻冬舎
　　　　　　〒151-0051 東京都渋谷区千駄ヶ谷4-9-7
　　　　　　電話：03(5411)6211(編集)
　　　　　　　　　03(5411)6222(営業)
　　　　　　公式HP：https://www.gentosha.co.jp/
印刷・製本所　錦明印刷株式会社

この本に関するご意見・ご感想は、下記アンケートフォームからお寄せください。
https://www.gentosha.co.jp/e/